Heribert Schmid AG
Härterei
4657 Dulliken

Politische Karikaturen von Horst Haitzinger

Nebelspalter-Verlag Rorschach

Gedruckt auf chlorarm gebleichtem Papier

Umschlaggestaltung: H. Haitzinger
Fotos: Heinz Gebhardt
Eine Auswahl
von Veröffentlichungen
aus den Jahren 1991/92
© 1992 für die Schweiz:
Nebelspalter-Verlag Rorschach,
in Zusammenarbeit mit
F. Bruckmann KG, München
Alle Rechte vorbehalten
Herstellung: Bruckmann, München
Printed in Germany
ISBN 3.85819.174-4

Juli 1991: Der geplanten Einführung der Euro-Währung ECU begegnet in der Bevölkerung ein großes Mißbehagen.

»Übernimm dich nicht, Helmut!«

Dezember 1991: Nach dem Vollzug der Deutschen Einheit will sich der Kanzler auch als Europapolitiker profilieren.

Dezember 1991: Auf dem Maastrichter Euro-Gipfel übernimmt Bundeskanzler Kohl die Vorreiterrolle in einer gemeinsamen Währungspolitik.

»Noch 'n kleinen Dreh weiter, bißchen zurück wieder...«

April 1992: In der Bundesregierung wird die Einführung von Karenztagen als weitere finanzielle Einnahmequelle erwogen.

Profilierungskünstler

März 1992: Der bayerische Umweltminister Gauweiler übt scharfe Kritik an Parteifreund und CSU-Vorsitzenden Theo Waigel.

Der Taucher

Januar 1992: Nach langem Zögern und heftigem Drängen von Parteifreunden entschließt sich Björn Engholm auch für die Kanzlerkandidatur.

Februar 1992: Oskar Lafontaine beharrt auf seinem Nein zur Erhöhung der Mehrwertsteuer, auch dann noch, als sich längst abzeichnet, daß die SPD mit dieser Haltung scheitern wird.

»Sorry, wir haben vielleicht die Wirklichkeit etwas falsch eingeschätzt!«

Februar 1992: Im Streit um die Erhöhung der Mehrwertsteuer steuert die SPD-Führung gegen die Regierung einen Konfrontationskurs, der letzten Endes die SPD spaltet.

»Aus der Deckung, Genossen, diesmal wird's wirklich ein Zaubertrank«

März 1992: Nach dem Desaster um Mehrwertsteuererhöhung und Asyldebatte schwört Oskar Lafontaine seine Partei auf einen Anti-Maastricht-Kurs ein.

Atlas geht

Mai 1992: Außenminister Genscher tritt zurück.

»Die Gebrauchsanweisungen liegen in den Handschuhfächern!«

Mai 1992: Justizminister Klaus Kinkel wechselt ins Außenministerium, die bis dahin unbekannte Sabine Leuthäusser-Schnarrenberger wird Justizministerin.

Wessi übt Solidarität mit Ossi

»Na bitte, das klappt doch wunderbar mit der Bundeswehr.«

April 1992: Während des Streiks der ÖTV taucht von Arbeitgeberseite die Forderung auf, Beamte und Bundeswehr für die erforderlichen Dienste einzusetzen.

»Etwas lauter!«

April 1992: Nach dem Urteil der ÖTV liegt die Schuld für den längsten Arbeitskampf seit 18 Jahren bei der Bundesregierung.

Dame ohne Unterleib

Mai 1992: Nach Beendigung des Streiks im Öffentlichen Dienst wird das Verhandlungsergebnis der ÖTV von der Mehrheit der Mitglieder abgelehnt.

Mai 1992: Während der Tarifverhandlungen in der Druckindustrie erscheinen mehrere Zeitungen wegen Warnstreiks nur als Notausgaben.

»Langsam wird's eng auf unserem Milliardenfriedhof!«

Mai 1992: Nachdem rund 7 Milliarden DM Entwicklungskosten investiert wurden, beschließt der neue Verteidigungsminister endgültig den Ausstieg aus dem Projekt Jäger 90.

»… vielleicht als landwirtschaftliches Gerät!«

März 1992: Als landwirtschaftliches Gerät getarnte Waffenlieferungen an Israel und illegale Waffenlieferungen an die Türkei leiten das politische Ende Gerhard Stoltenbergs als Verteidigungsminister ein.

Neuer Oberbefehlshaber, seinen Generalstab präsentierend

April 1992: Volker Rühe wird neuer Verteidigungsminister.

Die Sinnkrise

Oktober 1991: Auf einer Kommandeurstagung der Bundeswehr werden Motivationsmangel, Orientierungslosigkeit und Frust innerhalb der Streitkräfte beklagt.

Sinnkrisenbewältigung

»Sieg heil«

November 1991: In ost- und westdeutschen Städten randalieren sogenannte Skinheads und Neo-Nazis.

September 1991: Mißbrauch des Asylrechts, Angst und Ausländerfeindlichkeit verdichten sich zu einem explosiven rechtsradikalen Gemisch.

»... das Boot ist doch wirklich noch nicht voll!«

»Sind Haus- und Gartentür auch sicher abgeschlossen???«

August 1991: Circa dreißigtausend albanische Flüchtlinge werden von den total überforderten italienischen Behörden wieder nach Albanien zurückgeschickt.

Kammerjäger bei der Ungezieferbekämpfung

Oktober 1991: Die großen Parteien schieben sich gegenseitig die Schuld für das Anwachsen des Rechtsradikalismus zu.

»Schämen Sie sich, Kronawitter, das ist ja ausländerfeindliche Haltung!«

März 1992: Der Münchner Oberbürgermeister Georg Kronawitter erntet heftige Kritik für seine Überlegung, eine Grundgesetzänderung zum Asylrecht zu befürworten.

»... war das der Jörg Haider, ... der Le Pen, ... der Schönhuber oder die Liga-Nord?«

April 1992: In mehreren Ländern Europas erzielen die Rechtsradikalen Parteien bei Regionalwahlen erhebliche Stimmenzuwächse.

Frühlingserwachen?

April 1992: Das alarmierende Abschneiden der Republikaner bei den Landtagswahlen in Schleswig-Holstein und Baden-Württemberg veranlaßt Regierung und Opposition zu Überlegungen über eine gemeinsame Asylpolitik.

»Wart's ab, Bürschchen, in spätestens zwei Jahren ist wieder ein Richter und 'ne Knastzelle frei!«

März 1992: In deutschen Großstädten werden Kriminelle wegen Überlastung von Richtern und überfüllter Gefängnisse auf freien Fuß gesetzt.

»Wie nett, fast das gleiche!«

November 1991: Die Abgeordneten verschiedener Landesparlamente genehmigen sich wieder eine Diätenerhöhung.

Der Taucher. (Frei nach F. Schiller.)

Januar 1992: Der Einblick in die Stasi-Akten der Gauck-Behörde konfrontiert viele Beteiligte mit deprimierenden Entdeckungen.

Wessiweiß

Januar 1992: Viele in die SED-Herrschaftsmechanismen verstrickte ehemalige DDR-Bürger stoßen bei ihren westlichen Landsleuten auf überhebliche Selbstgerechtigkeit.

Der Schutzengel

November 1991: Der bereits schwer angeschlagene sowjetische Präsident Gorbatschow hält noch schützend seine Hand über Honecker.

»Wie wär's mit Freikauf, diesmal für einen echten Ganoven!«

Dezember 1991: Die russische Regierung gibt zu erkennen, daß sie Erich Honecker gerne los wäre.

»Grausam! Schon wieder von der Wirklichkeit überrollt!«

Dezember 1991: Erich Honecker begibt sich als politischer Flüchtling in die chilenische Botschaft in Moskau.

»Für einen Todkranken, ... Respekt!«

März 1992: Aus einem Moskauer Krankenhaus kommt die Meldung, daß der Gesundheitszustand Erich Honeckers relativ gut ist.

Jimmy Carter in Moskau   Ronald Reagan in Moskau   George Bush in Moskau

Juli 1991: Präsident Bush besucht zum letztenmal die noch existierende Sowjetunion.

Letzte Meldung aus Moskau

Phönix aus der Asche

August 1991: Der gegen Präsident Gorbatschow inszenierte Putsch konservativer Kommunisten scheitert.

Retter und Geretteter

August 1991: Nach dem Scheitern des Putsches gegen Gorbatschow wird dieser systematisch von seinem Retter Jelzin entmachtet.

Erdkunde '91

August 1991: Der Zerfall Osteuropas und der Sowjetunion vollzieht sich in einem kaum noch nachvollziehbaren Tempo.

»… ist denn wenigstens der Papst noch katholisch???«

Dezember 1991: Das Ende der Sowjetunion wird proklamiert.

Alternative

März 1992: Auch in Südafrika geht das Apartheidregime nach einem Volksentscheid endgültig seinem Ende entgegen.

Die große Freiheit

50 November 1991: Die Republiken der ehemaligen Sowjetunion stürzen sich ohne wirtschaftliche Absicherung in ihre »nationalen Unabhängigkeiten«.

März 1992: Trotz des totalen wirtschaftlichen und nationalen Niedergangs der ehemaligen UdSSR absolviert Rußland erfolgreich ein spektakuläres Raumfahrtprojekt mit unter anderen einem Deutschen an Bord.

»Wollen wir wieder tauschen?«

März 1992: Nach Gorbatschows Rücktritt sieht sich Jelzin in der Rolle des Erfolglosen und Kritisierten.

»… für Ihre Verdienste als Rüstungsbremse!«

Januar 1992: Durch leere Kassen werden die USA und Rußland zu weiteren Abrüstungsschritten gezwungen.

Robinson auf Cuba

Oktober 1991: Fidel Castro beharrt als einer der letzten Staatschefs auf der Gültigkeit eines orthodoxen Kommunismus.

Vorn und hinten

August 1991: Trotz Proklamierung einer neuen Weltordnung bleibt die USA der Hauptwaffenlieferant der Dritten Welt.

Die Gedanken sind frei

56 Februar 1992: Außenminister Genscher fordert die Gründung einer Stiftung, die arbeitslos gewordene Atomphysiker der ehemaligen UdSSR davon abhalten soll, sich von diktatorischen Dritte-Welt-Staaten anheuern zu lassen.

Letzter Stand der Kernphysik

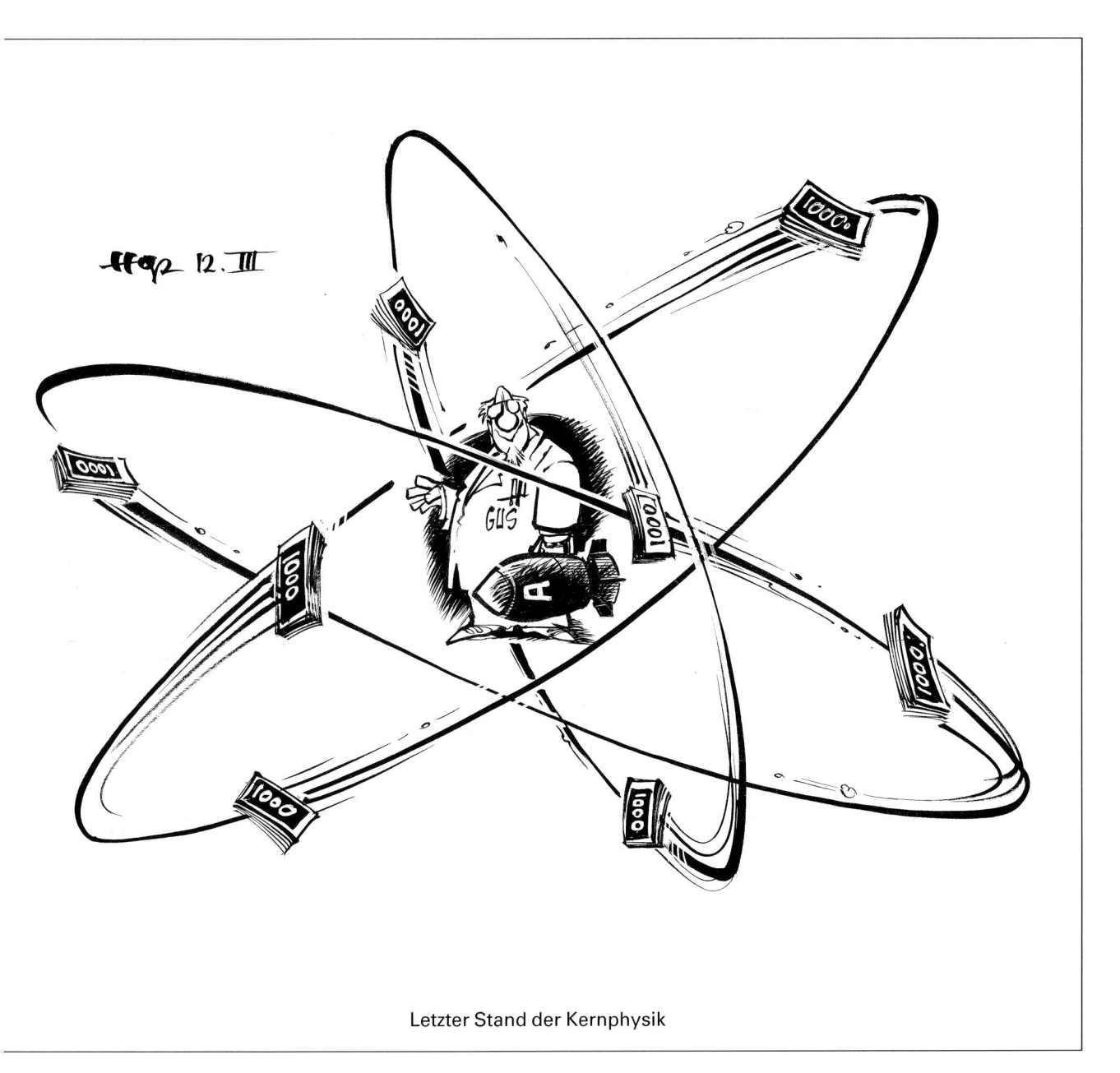

März 1992: Staaten wie Irak oder Libyen umwerben Atomwissenschaftler der ehemaligen UdSSR mit hohen Geldbeträgen, um ihre Atomwaffenrüstung voranzutreiben.

»… Honecker-Bulletins, Atomphysiker, Uran … brauchen wir was, Mausi?«

März 1992: In der Bundesrepublik stellt die Polizei einen ersten Dealer-Ring, der Uran aus der ehemaligen UdSSR verkaufen wollte.

»Ich hab' heute geträumt, daß so einer in 44 Jahren für uns unterwegs ist!«

Februar 1992: Die USA versorgen Rußland über eine »Luftbrücke« mit Nahrungsmitteln und Kleidern.

»Es reicht noch nicht, weitermachen!«

August 1991: Im jugoslawischen Bürgerkrieg ist kein Ende abzusehen.

»Wieviel Öl gibt's dort eigentlich?«

August 1991: Im Unterschied zur Reaktion im Golfkrieg reagieren EG und USA völlig unentschlossen auf die Aggression Serbiens im jugoslawischen Bürgerkrieg.

»Nicht traurig sein, du hast doch noch uns!«

»Fürs Endergebnis völlig egal!«

November 1991: In Jugoslawien und im Nah-Ost-Konflikt begeben sich die jeweiligen Konfliktpartner an den Verhandlungstisch.

»Das wär's!«

Juli 1991: Saddam Hussein versucht mit allen erdenklichen Tricks, die im Waffenstillstand vereinbarten Rüstungskontrollen zu unterlaufen.

Gedämpfter Jubel am Jahrestag der Befreiung!

Februar 1992: Ein Jahr nach der spektakulären Befreiung Kuwaits vom irakischen Despoten Hussein gibt es weder im Irak noch in Kuwait Ansätze von Demokratie.

»Mister President, hier sind die letzten Popularitätsumfragen!«

66 Februar 1992: Die Vorwahlen zu den amerikanischen Präsidentschaftswahlen beginnen für Präsident Bush in einem ungewöhnlichen Popularitätstief.

Old George im Aufbruch

Februar 1992: Nur mühsam behauptet sich Präsident Bush gegen seine innerparteilichen Rivalen bei den Vorwahlen um eine erneute Präsidentschaftskandidatur.

Der Weise spricht!

Februar 1992: Der Zustand der osteuropäischen Kernkraftwerke entpuppt sich als noch katastrophaler als bereits angenommen.

»Nein, nicht ob ... nur wo!«

Die engagierte Verhinderung von Tschernobyl II

März 1992: Neue alarmierende Störfälle in einem bulgarischen Kernkraftwerk des Typs Tschernobyl bleiben weitgehend ohne Konsequenzen.

»Wir nehmen lieber die Abkürzung gradaus!«

Juni 1992: In Rio findet der mit Hoffnung und Skepsis erwartete Umweltgipfel statt.

»Die Drogenmafia ist bereits total seriös unterwandert!«

Februar 1992: Die internationalen Drogenbosse investieren ihre »gewaschenen« Milliarden in seriöse Konzerne.

HÖCHSTE ZEIT, DASS WIR DIESER REGIERUNG WIEDER MAL FEUER UNTER DEM HINTERN MACHEN !!!
SPD
„OSKAR!, ERST MAL HIER LANG!!!“
22 III 92
VIVE LA FRANCE
P
NUR FÜR JAPAN
US-AUTOINDUSTRIE
„BISSCHEN KNAPP
MAASTRICHT
DÄN.
EUROP. GERICHTSHOF
EG
STOP LKW-ABGABE
KEHRSROWDY
HERR JELZIN MÖCH
TISCH FÜR DEN
ASCHERMITTWOCH
HOFBRÄUHAUS